FABULA DE BENIAMINE LAGO

BEATRIX POTTER scripsit

WM A HANES convertit

Copyright © William Arthur Hanes
All Rights Reserved

PRO LIBERIS de SAWREY
a
VETERE DOMINO LAGO

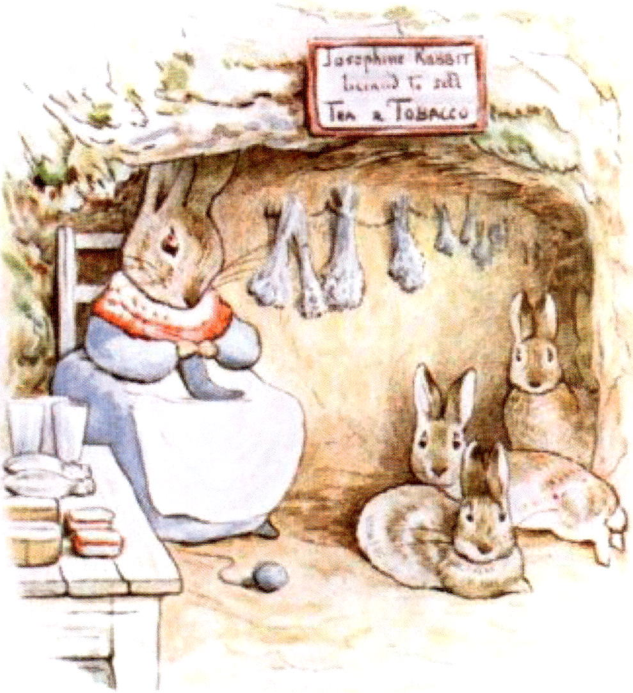

Quodam mane parvus cuniculus in ripa sedit.

Aures sustulit et ictus ungulae manni auscultavit.

Cisium per viam veniebat; id Domino McGregore actus est et iuxta eum Domina McGregor redimiculo optimo gerens sedit.

Cum primum praeteriverunt, parvus Beniamin Lagos in viam deorsum lapsus est et profectus est—cum circumsilitu persultatu et saltu—cognatos suos visitatum qui in silva post hortum Domini McGregoris habitabant.

Illa silva foraminibus cuniculi completus est et in foramine mundissimum arenossimum ex omnibus amita Beniaminis consobrinique incolebant—Flopsi, Mopsi, Cauda-gossypina et Petrus.

Vetus Domina Cuniculus vidua erat; quaestum fecit per chirothecas lana-cuniculi et muffulas texentem (Olim parem in foro rerum venalium emi). Herbas etiam emit et theam rosmarini et tabacum cuniculi (quid lavandulam appellamus).

Parvus Beniamin non libenter amitam videre voluit.

Tergum abietis circumvenit et paene super consobrinum Petrum offendit.

Petrus secum sedet. Sanus ne visus est et in sudario sacculi rubro indutus est.

"Petre," parvus Beniamin in susurro dixit, "Quis vestimenta tua habet?"

Petrus respondit,"Terriculum in horto Domini McGregoris," et quomodo eum circum hortum peti et quomodo calceos palliumque amittere narravit.

Parvus Beniamin iuxta consobrinum suum sedet et ut Dominum McGregorem in cisio exire et Dominam McGregorem etiam et profecto diem quia redimiculum optimum gerere confirmavit.

Petrus dixit pluat sperare.

Ad id temporis vox Dominae Cuniculi veteris in foramine cuniculi auditus est: "Cauda-gossypina! Cauda-gossypina! Aliquam plus chamomillas affer!"

Petrus dixit putare melius habeat si deambulatum eat.

Abiverunt iunctis manibus et super summum muri plani ad imum silvae ascenderunt.

Illinc deorsum in hortum Domini McGregoris intuiti sunt. Pallium calceique Petri in terriculo plane visi sunt, cum pilleo Caledonicae vetere Domini McGregoris insuper.

Parvus Beniamin dixit:
"Vestimenta hominum vitiat sub
porta reptare: deorsum de arbore
piri descendere modus entrare
decorus est."

Petrus praeceps decidit, sed nihil
refert, quia areola deorsum nuper
rasus et omnino mollis erat.

Cum lactucis satus erat.

Multa parva vestigia in areola reliquerunt, praecipue parvus Beniamin, qui soleas gerebat.

Parvus Beniamin dixit rem primam agere vestimenta Petri recuperare esse ut sudario sacculi uti possint.

Ab terriculo ea abstulerunt. Pluvia inter noctem fuerat; aqua in calceis et pallium aliquantum contractum erat.

Beniamin pilleum Caledonicae in capit suum imponere conatus est sed ei nimis magnus erat.

Tum suasit ut sudarium sacculi cum caepas complere debeant pro parvo dono Amitae.

Petrus se frui ne visus est; strepitus audire perrexit.

Beniamin, contra, perfecto commodus erat et folium lactucae edit. Dixit in hortum venire solitus est cum patre suo lactucas ad cenam diei Solis collectum.

(Nomen patris parvi Beniaminis erat Dominus Lagos Vetus.)

Lactucae profecto perbonae erant.

Petrus nil edit; dixit domum ire velit. Mox dimidias caepas dimisit.

Parvus Beniamin dixit pirum sursum redire cum onere olerae nequiverunt. Audacter ad finem alterum horti Petrum duxit. Secundum parvum ambulacrum super tabulas iverunt, sub muro aprico laterum rubrorum.

Mures in liminibus suis sederunt nucleos cerasorum perfringentes; Petro Cuniculo parvoque Beniamini Lago nictaverunt.

Mox Petrus sudarium sacculi iterum dimisit..

Inter ollas-florum formasque labrosque volverunt. Petrus strepitus peiores quam umquam audivit; oculi sui tam magni quam patellae erant!

A fronte consobrino unum gradum an duos gradus erat cum subito destitit.

Hanc est quam parvi cuniculi circum angulum viderunt!

Parvus Beniamin unum aspectum cepit et tunc, in nihil tempore, se et Petrum et caepas sub magna corbe celavit.

Felis surrexit et se intendit et ad corbem venit et eum naribus captavit.

Forsitan odorem caepae ei placet!

Quoquomodo, super apicem corbis sedet.

Quinque horas illic sedet.

Picturam Petri Beniaminisque sub corbe delineare nequeo quia valde obscurum erat et odor caepae terribilis erat; Petrum Cuniculum et parvum Beniaminem lacrimare fecit.

Sol post silvam circumivit et valde multo postmeridie erat sed tamen felis super corbem sedet.

Tandem *pitter-patter pitter-patter* et aliquantula mortaria e mure desuper ceciderunt.

Felis suspexit et veterem Dominum Beniaminem Lagon exsilire secundum summum muris aggeris superioris vidit.

Pipum tabaci cuniculi fumabat et parvam virgulam in manu tenebat.

Filium suum quaerebat.

Vetus Dominus Lagos felum ne magni haberat.

Magnum saltum ex apice muris fecit super summum felis et eam e corbe deiecit et in viridarium hibernum calce percussit simul manipulum pellis rapiens.

Felis nimis miratus est repugnare.

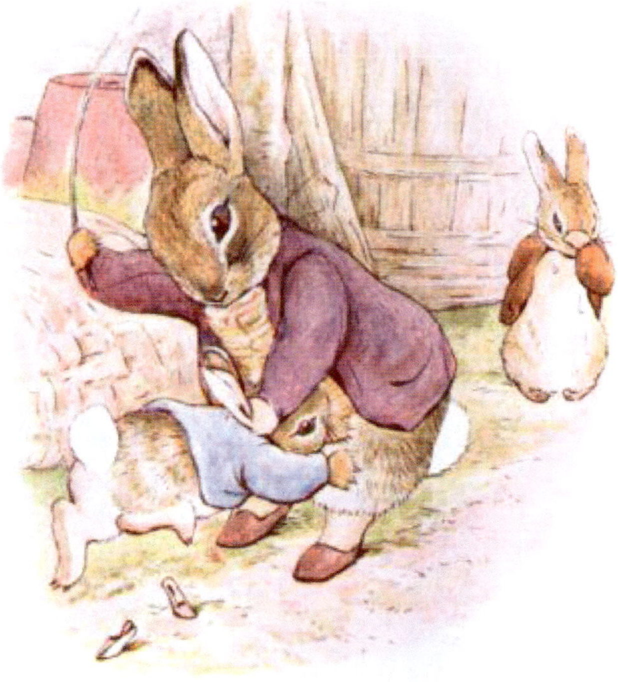

Cum vetus Dominus Lagos felem in viridarium hibernum egerat, ianuam obseravit.

Tunc ad corbem redivit et filium Beniaminem auribus extrahit et parva virgula eum flagellavit.

Tunc consobrinum Petrum extrahit.

Tum sudarium sacculi caepae extrahit et e horto duxit.

Cum Dominus McGregor fere semihora postea redivit aliquot res quam eum turbare observavit.

Quasi aliqui homo ubique in horto ambulavisse soleas gerens visus est—at vestigia nimis ridicule parva erat.

Quomodo etiam felem se intra viridarium hibernum claudere, ianuam extrinsecus obserantem, intellegere nequivit.

Cum Petrus domum advenit mater ei ignovit, tam laetus erat quia calceos palliumque invenisse videre. Cauda-gossypina Petrusque sudarium sacculi complicaverunt et vetus Dominus Cuniculus caepas colligavit et de tecto culinae suspendit cum fasciculis herbarum tabacum-cuniculique.

FINIS

William Hanes is married with three grown children. A retired computer programmer (Cobol) and amateur Latinist, he lives in downstate Illinois.

Printed in Germany
by Amazon Distribution
GmbH, Leipzig